AF197100

www.tredition.de

Bert Braun

In mir die Liebe

Gedichte

WIDMUNG

Gewidmet
„Den Dichtern der Morgenröte"
und meinem Sohn Pax
und seiner Mama
und dem Weiblichen.

DANKSAGUNG

Ich danke meiner Familie,
im Besonderen meiner Mutter,
die dieses Buch materialisiert hat
und der LiteraturCompany
in Friedrichshagen
im Speziellen Frau Inge Kasan.

Bert Braun

In mir die Liebe

Gedichte

www.tredition.de

© 2014 Bert Braun

Umschlaggestaltung, Lektorat und Satz über:

www.LiteraturCompany.de

2. Auflage

Verlag: tredition GmbH, Hamburg

ISBN: 978-3-8495-8088-9

Printed in Germany

Bibliografische Information der Deutschen Nationalbibliothek:
Die Deutsche Nationalbibliothek verzeichnet diese Publikation in der Deutschen Nationalbibliografie; detaillierte bibliografische Daten sind im Internet über http://dnb.d-nb.de abrufbar.

INHALT

Augenblick

Ein Hauch von Wärme legt sich sanft
mit Sonnenstrahlen auf mein Herz,
und traumvollendet Zärtlichkeiten
greifen gierig nach den Sternen.
Des zarten Rausches endlos' Fall –
im Sturzflug kostend deine Lippen!
... Und zweifelnd blickt der Augenblick
auf Uhr und Pendel gnadenlos ...

Herzvertraute

Meine Herzvertraute,

immer noch liegt deine wärmend Seele

auf meinem Leib und belebt meinen Atem,

den Wunsch zu leben, mit dir aufzuwachen

und Zeugnis zu werden einer

beständigen Zukunft,

deren Augen in Freude lächeln.

Kleinod meiner Träume

und Sehnsucht meiner Wünsche,

bin ich dem Vollkommenen so nah

und mir dabei –

nur die Angst zu versagen,

vor den Augen deiner Schönheit und

meiner Geißel des Ewigen,

lässt mich immer wieder den Moment

erneuern,

dir endlich zu begegnen, wahre Liebe!

Traumpferd

Im Traum war ich ein weißes Pferd,
und breitete meine Flügel aus,
um schwebend aufzusteigen ohne Ziel -
einfach nur den Strahlen nach.
Die Botschaft war ein helles Licht,
flog ich mit Strahlen um die Wette,
lautlos gleitend am Firmament.
Die Nüstern lüstern nach der Freiheit
und alles einzig – wider Trab!
Nein, galoppieren wollt´ ich peitschend,
dem Blitz und Donner drittes Rad
durchbrach ich leichtens Schall und Mauern
und unersättlich Durst nach mehr.
Mit Huf und Hirn im Einklang sein,
die Flügel stetig dicht am Wind
und brausend, sanfte Liebeswogen,
vertrieben mir und dir die Angst,
von dieser Reise heimzukehren,
... zurückzufallen in den Trab!

Für einen Freund

Ein Flügelschlag – ein Traum und träumen
und schweben, taumelnd schwerelos.
Ein Augenblick Unendlichkeit!
Ein Teil vom Ganzen – Ganzes sein!

Zwei Schwingen haben, die mich tragen,
und alles, lassen anders sehn.
Der Nichtigkeiten viel zu viel!
Vergessen – fliegen – Vogel sein!

Im Gleichtakt schwingend ziellos wandern,
und immer ziehend mit dem Wind,
um dir ein Flügel mehr zu sein,
zu wissen, dass zwei Herzen schlagen!
... und einzig dafür da zu sein!

Oben bleiben

Ein Albatros möchte ich sein
und dicht am Kamm der Wellen segeln,
in jedem Wind – die richt´ge Welle,
gekonnt sofort zu reagieren
und jeden Strudel vorher sehn,
Bewegungen des Meers erahnen.

Die Gischt will niemals ich berühren,
nie unter ihre Zunge schaun,
möcht` dicht auf ihr die Lüste spüren
und wäre mir nie ganz gewiss,
ob meine Flügel es auch schaffen,
doch nie am Strand zugrunde gehen,
das will ich nicht!

Sterne zählen

Möcht´ still die Sterne mit dir zählen
an einem langen weißen Strand,
den Wind in deinen Haaren sehen
und tanzen dann mit dir im Sand.

An die Liebe

Minotaurus vergänglich eilend

seinem gehörnten

Schicksal entgegen,

zu entfliehn steht ihm der Sinn,

diesen Faden zu durchbeißen,

für immer zwischen den Welten zu wandern,

dem Leben die Ewigkeit zu schenken,

körperlos.

Sehnsucht verkörpert liebend Seelen –

in die Wunder menschlicher Form.

Die samtene Haut Deiner Haare erweicht

den Wunsch nach Ewigkeit:

    nur hier, nur jetzt

    den Moment erleben,

    dich zu lieben,

    nur deshalb kann ich mich fühlen

    durch deine Berührung,

    grenzenlos.

Verliebt sein

Tausend weiße Sommersprossen
tanzen taumelnd durch die Nacht,
hüllen uns ganz sanft und leise
ein in ihre kühle Pracht.

Dann ein kleines Stückchen
fliegen – Glanz und Glitter –
Zauberwelt!
Ab, hinein, in das Vergnügen –
machen einzig, was gefällt!

Und auch tanzen, lachen,
träumen:
100 Punkte, „Klaus" ist dein.
Seh´ auch jetzt noch deine Augen
funkelnd schön – im Kerzen-
schein!

Regenbogen

Mit weichen Händen brichst du leicht
das Licht in tausend Regenbogen.

Und zweisam legt sich unser Glück in
perlmutt-schimmernd zart Gehäus.

Ein Funken Feuer
zündelt leise, mit wacher Zunge unsre Lust.

Dein Blick wird seltsam
ein Smaragd und blinkt dabei der Sonne zu.

Und streift dabei ein Tröpfchen Blau,
der Regen sanft dein Haar umschließt.

Blutrot

Des Nachts in meinen
Träumen sind
die Sorgen
blutig rote Rosen.

Doch fließt kein Blut
die Hände nieder,
nur lausche ich der
Brandung Tosen.

Und spüre deine Hand
auf meiner,
und seh' den neuen Tag
in dir,

... dein Lächeln ist der Rosen feiner ...

Froschkönig

Nur um dir zu sagen,

dass ich dich liebe,

verwandle ich mich nicht

in einen Frosch,

dessen grüne Haut

deine vollkommenen Lippen

nie küssen würden,

nur aus Angst, mir zu gestehen,

dass alles, was uns hält,

die Kraft für immer besitzt.

Sehnsucht

In meinem Bett, da ist von dir
ein Fleckchen Wärme und ein Haar.
Es kräuselt sich ganz sanft zu mir,
als wärst du mir unendlich nah.

Des Frühlings Finger legen leise
uns Sonnenstraßen auf das Herz.
Des Sommers Boten ziehen Kreise,
vergessen lässt der Sehnsucht Schmerz.

Leider nur ein Traum

Ein Traum, er legt mir deine Lippen

unendlich wärmend auf die Haut.

Er lässt mich deinen Atem spüren,

ein sanfter Windzug mich erbaut.

Und auf mir kreisen deine Finger,

ein Meer aus Rausch millionenfach.

Ich küsse zart nun deinen Körper

und werde glücklich davon wach.

Echolot

Ein Echolot mein Lieben ortet,

ein Atlas zeigt mir, wo sie wohnt,

ein Augenblick des sich Vergessens,

trägt mich aus der stillen Not.

Resonanz der Herzen (ein Lied)

Welchen Ton hat dein Herzschlag,
klingt er dem meinen gleich?
Läutet Gleichklang meiner Seele
endlich in mein leeres Haus?

Was machst du grad, wo kann ich dich suchen?
Wo bist du, du Schöne – Fülle der Sehnsucht?
All deine Schönheit fand ich schon
in unzähligen Formen,
auch hab ich sie genossen, flüchtig,
nur einen Augenblick. One second!

Wir geben der Zeit nun ein paar Tage frei
und feiern unseren ersten Kuss.
All meine Wunden fülle ich mit seiner Wonne,
pflüge wieder das Feld des Vertrauens
und säe die Samen der Liebe neu.

Ewigkeit, für immer!

Die Sanduhr schiebt
bedächtig näher
die Körner meiner
Sehnsucht Zeit.

Verfluche ich,
des Wartens müde,
den Haufen Sand
aus Wüsten weit.

Es liegt ein Schatz
in den Sekunden,
des gläsern Häuschen
heilig Eid.

Würd' Fluch und alles
auf mich nehmen,
wärst du nicht
meine Wirklichkeit!

Frühling sein

Sonnentrunken lechze ich
nach blumenduftend Hyazinth,
entfliehe sorgsam, Stille schreitend
hinein ins Schattenlabyrinth.

Die ersten – letzten dieser Strahlen,
die sonnenwärmend mich umgarnen,
und Glück kommt auf in sanften Tönen.
Des Vogels Schreie soll'n mich warnen,
zu schließen dieses Fenster ganz –
ein Traum ganz zart,
wird Frucht bald sein!

Anfang

Winterwolken ziehen stürmisch
aus des Frühlings zarter Luft.
Blitz und Donner lassen ahnen,
wer die neuen Düfte schuf.

Wärmend Strahlen kitzeln leise
unbefleckt das neue Glück.
Doch die fliehend' Böen weisen
mich ein letztes Mal zurück.

Und aus Blüten werden Früchte,
meine Hoffnung ganz gewiss
soll mich lenken endlos mahnen,
ich den Winter nicht vermiss.

Vers zum Märchen vom Teufelssee

Wenn Schatten des Waldes

zu dunklen Wellenbriesen werden,

die die Krone deines einsamen Schlosses

umsäumen,

ist doch kein Weg zu weit

und keine Zeit zu fern,

im Spiegel des Lichtes

sich deinem Grund zu nähern.

Herbst

Das rot-gelbe Blatt taumelt müde

die letzten Zentimeter seines Lebens hinab,

gleitet es lautlos auf luftigen Winden

hinein in einen erwachenden Kosmos,

um aus ihm zu steigen

zum wiederholten Male,

wieder und wieder,

aus ihm die Kraft schöpfend,

dem Lichte empor,

der Nacht zu entfliehn.

Ein Sommer auf Mallorca

Roter Mohn liegt auf den Hügeln,
purpur Schleier Mandeln säumt,
sanfte Buchten malen Strände,
mein Blick sich in die Wogen träumt.

Alte Mauern spiegeln Märchen,
gerad' hinein in diesen Tag,
Möwen kreischen hallend wieder,
auf mir leicht dein Lächeln lag.

Schroff und steil sich Klippen brechen,
Meer und Wolken sich vereinen,
grenzenloser Weg der Sonne –
ihre Strahlen ewig scheinen.

Denk ich an vergessene Welten,
zähl' die Zeit an morschen Ringen,
die mir Bäume willig zeigen,
freudvoll hier die Glocken klingen.

Und des Nachts die Sterne strahlen,

auf das tiefe, blaue Meer,

in mir meine Träume reisen,

wiegt des Mondes Silber schwer.

Vielerorts sinkt nachts die Sonne,

überall verliert sich Zeit,

doch nur hier ist's wirklich friedsam,

ruht mein Glück schier meilenweit.

Seelenbrand

Ein Feuerfunken Dynamit,
pulsierend gierig voller Lust
greift er nach Ast und Baum und mehr.

Der Welle lodernd, züngelnd Schäume
fassen fordernd in die Vollen und
holen sich Erfüllung ganz!

Unbarmherzig Größenwahn,
unersättlich spielend Schlund,
ein Feuer brennt in jeder Seele –
zu löschen: keinen, keinen Sinn!

Dämmerung

Zauberfliegend schemenhaft
umrahmt der Tag das zarte Blatt
und Schatten fliehen eilig aus,
zu preisen jenes warme Licht !
Umhüllend ganz, dies alles hier
und taucht es purpurn in die Nacht,
zuvor ergötzt es heiß die Götter.

Zu süß der Farbton schleckend Zungen,
zu warm des Malers Herz dabei,
zu selig wir, dem Einklang nahe,
erwartend der Dämonen Spiel.
Und heilig bricht das Licht den Tag,
obläßt uns zitternd Unbewusstem.

Mondschein

Des Mondes Strahlen laufen silbern
auf schwarzen Fluten schwerelos,
und still nur hebt er unbemerkt
Trilliarden Tropfen kaltes Nass.

Doch mich trügt der sanfte Blick
der Schönheit leicht Vergänglichkeit.

Hoffnung

Des Mondes Winde wehen kalt,
die Sonne wärmend Illusion.
Eine einzig winzig zart Atom
verliert sich schwelgend in Fusion.

Zwielicht

Manchen Gedanken misstraue ich,

sie zwiespalten mich uneins

und ergänzen sich niemals,

enden selig im Nirgendwo!

Tausendfach glühende Kühle,

um mich lodernd Wasser nass,

zu trinken den Regen ganz,

aus ihm hinaus ins Zirkuszelt

einer Manege voll Illusionen.

Und niemand kennt den Dirigenten,

der ungestüm das Orchester führt.

Wohin? Weshalb? Wofür?

Im dritten Akt – aus fünftem Ton

verliert sich Moll in frisches Dur.

in Aufwindmelodien,

gewinn` ich mich zurück

aus diesem sanften Meeresgrunzen,

lechzt es gefällig dem den Preis,

zu zahlen ihn im Ausverkauf!

Des Nachts

Dämonenhauch versprüht sein Gift
und trifft nun meine Seele blank,
verzerrt in mir die Wirklichkeit,
enthüllt mir tiefe schwarze Nacht.
Und frisst sich leise bis zum Grund,
auf dem ich nackt sehr einsam ruhe,
gebärt die Angst mir tote Kinder,
mein Atem stockt, das Herz schlägt still.
So nimm mir diese falschen Geister,
den Wahn und jede kalte Träne
hinaus aus diesem falschen Traum,
lass endlich Sonne in den Tag.

Wassersterne

Im Wasser liegt die Macht des Seins,

trägt Stille nährend reinen Grund,

verbinden Götter sich mit Sternen,

verliert sich tosend Feuerschlund.

Vaterschaft

Und leuchtend kleine Kinderaugen
geben mir den Weg nun frei
hinein in meine eigne Welt.
Geschichten in mir Jahre sind,
vergessen fast, und doch so nah,
vergleichend in mir Vater sein –
Vertrauen ist und still Geburt,
und alles ist ein endlos Singen
von Nachtigall & Lieb & Tod!

Bewusst machen

In meinem Nabel wächst 'ne Wiese,
ein bunter Reigen – Blütenpracht!

Er hält sich dankbar in mir auf
und sprießt aus jener Stelle wieder,
die mir das Licht der Welt gebar!

Drum gieß' ich diesen kleinen Flecken
und fürchte beinah ums Verrecken,
des nächsten Frühlings Fruchtbarkeit
lässt keinen Platz mehr in mir finden.

Gewissheit

Halbmond küsst die Sonne
und Sternenklee grüßt weißen Mohn:
Eins und Eins sind Drei.

personal evolution -
Schatten unserer Ahnen

Oh wann, mein Dämon,

triffst du endlich unseren Erlöser

und ergibst dich seiner strahlenden Größe?

Bittest ihn auf Knien um Vergebung

und versöhnst dich mit meiner Seele,

deren Blut du reichlich genossen.

Entlässt du mich friedlich

meiner Gänze und Struktur,

in deren Sein du mich die Dualität

deines Wesens lehrtest,

um neugeboren zu erwachen

in ein anderes Leben - ohne dich –

friedlich atmend nun

all unsere Ahnen, in läuternder Liebe,

in die Wiedergeburt einer höheren Gnade.

the second generation – life

Habe ich wirklich damit zu tun,

den letzten Belzebub zu umarmen?

In den dunkelsten Winkeln meiner Gedanken

spüre ich ihn auf, in missfälliger Emotion

und begreife sein Ansinnen,

letztlich gleich einem Kinde

findet er die Aufgabe seines Daseins im

Gegensatz.

So schleift er unentwegt Innerwesen Diamant,

hilft dankbar ins Gleichgewicht

einer neuen Qualität.

Dann vertrauen wir uns langsam der Liebe an

und die Dreiheit gebiert ihr erstes Kind.

Lebenslust

Seelenmeer und Zwilling meiner Zeit,
Sternenwald und Hüter meiner Ewigkeit.
Bist du bereit? – Mir zu folgen,
dir zu sagen, uns zu finden.
Lebenslust.

Auroville

Gezeiten umstürmen aller Leben.

Stillstand, Paradoxum findet,

Sehnsucht Ende Anfang Ziel.

Unendlichkeit die Winde peitscht,

die Zeit gebiert ihr Morgen.

Morgenrot gelangt in den Bauch der Träume,

Essenz der Freude spiegelt das Lebendige.

Nur eine Träne

Deine unsichtbaren Tränen
könnten eine Wüste fluten.
Deine traurigen Augen
brennen sich in meine Ohnmacht.
Nur eine Träne wünsche ich mir,
eine sichtbare, klare, nasse Perle,
um sie samt deiner verschlossenen Trauer
aus deinem zarten Gesicht zu wischen,
dem ein Lächeln so viel besser steht.
Genau dann werde ich weinen vor Glück.

Abschied nehmen

Die Leidenschaft, sie schneidet sich
mit scharfem Messer in mein Fleisch,
lässt mich als Salz in Wunden fließen,
lässt mich schier tausendfach zerreißen.
Und Leere bleibt in lüster'n Leibern
als Einsamkeit in meinem Herz.

Bereits erschienen von
Bert Braun:

Eine Guten Morgen Geschichte

Ein Märchen aus dem Bilderbuch
eines Pilzenkindes

Paulchens Suche nach dem
wirklichen Glück

Eine Gute Nacht Geschichte

Mit Illustrationen von Marlies Grytz

Bert Braun

Jahrgang 1972, lebt in Berlin.

devocean9@outlook.de

Das Buch und auch das E-Book
sind entstanden
in Zusammenarbeit mit der:

LiteraturCompany Berlin

Vom Manuskript zum Buch!
Alles aus einer Hand!

www.LiteraturCompany.de

Peter-Hille-Straße 97
12587 Berlin

fon: 030 747 66 140
fax: 030 747 66 141

Platz für neue Gedichte

www.tredition.de

Über tredition

Der tredition Verlag wurde 2006 in Hamburg gegründet. Seitdem hat tredition Hunderte von Büchern veröffentlicht. Autoren können in wenigen leichten Schritten print-Books, e-Books und audio-Books publizieren. Der Verlag hat das Ziel, die beste und fairste Veröffentlichungsmöglichkeit für Autoren zu bieten.

tredition wurde mit der Erkenntnis gegründet, dass nur etwa jedes 200. bei Verlagen eingereichte Manuskript veröffentlicht wird. Dabei hat jedes Buch seinen Markt, also seine Leser. tredition sorgt dafür, dass für jedes Buch die Leserschaft auch erreicht wird

Autoren können das einzigartige Literatur-Netzwerk von tredition nutzen. Hier bieten zahlreiche Literatur-Partner (das sind Lektoren, Übersetzer, Hörbuchsprecher und Illustratoren) ihre Dienstleistung an, um Manuskripte zu verbessern oder die Vielfalt zu erhöhen. Autoren vereinbaren unabhängig von tredition mit Literatur-Partnern die Konditionen ihrer Zusammenarbeit und können gemeinsam am Erfolg des Buches partizipieren.

Das gesamte Verlagsprogramm von tredition ist bei allen stationären Buchhandlungen und Online-Buchhändlern wie z. B. Amazon erhältlich. e-Books stehen bei den führenden Online-Portalen (z. B. i-Bookstore von Apple) zum Verkauf.

Seit 2009 bietet tredition sein Verlagskonzept auch als sogenanntes "White-Label" an. Das bedeutet, dass andere Personen oder Institutionen risikofrei und unkompliziert selbst zum Herausgeber von Büchern und Buchreihen unter eigener Marke werden können.

Mittlerweile zählen zahlreiche renommierte Unternehmen, Zeitschriften-, Zeitungs- und Buchverlage, Universitäten, Forschungseinrichtungen, Unternehmensberatungen zu den Kunden von tredition. Unter www.tredition-corporate.de bietet tredition vielfältige weitere Verlagsleistungen speziell für Geschäftskunden an.

tredition wurde mit mehreren Innovationspreisen ausgezeichnet, u. a. Webfuture Award und Innovationspreis der Buch-Digitale.

tredition ist Mitglied im Börsenverein des Deutschen Buchhandels.

Zeitfracht Medien GmbH
Ferdinand-Jühlke-Straße 7
99095 Erfurt, Deutschland
produktsicherheit@kolibri360.de